MM

Die verschleierte Königin.

Eine Einführung in den Roman
„Till We Have Faces"
von C.S. Lewis

Dieses Buch ist Menschen gewidmet,

die mit ihrem Schicksal ringen.

Der Inhalt

Vorwort ... 6

1. Einleitung zum Roman *Till We Have Faces*
1.1 Zur Person C.S. Lewis ... 8
1.2 Zusammenfassung der Handlung ... 9
1.3 Aufteilung des Romans ... 13
1.4 Hintergrund-Informationen ... 15

2. Orual – die hässliche Königin ... 18
2.1 Oruals Liebesbedürfnis ... 18
2.2 Oruals weltanschauliche Einflüsse ... 19
2.2.1 Rationalismus des „Fox" ... 19
2.2.2 Die Göttin Ungit ... 22
2.2.3 Der Glaube Psyches ... 26

3. Psyche – die schöne Braut ... 28
3.1 Psyches Schönheit und Persönlichkeit ... 28
3.2 Psyche-Christus-Parallelen ... 30

4. Konflikt zwischen Orual und Psyche .. 31
4.1 Konflikt im Gefängnis ... 31
4.2 Konflikt auf dem Heiligen Berg ... 32
4.3 Das Gebot und die Versuchung ... 34
4.4 Folgen des Ungehorsams ... 38

5. Oruals Verschleierung ... 39

5.1 Grundsätzliches zur Schleierthematik ... 39

5.2 Orual verbirgt sich vor Gott ... 40

5.3 Orual verbirgt sich vor Menschen ... 41

5.4 Orual verbirgt sich vor sich selbst ... 42

6. Die Anklage gegen die Götter ... 43

6.1 Der Auslöser für die Anklage ... 43

6.2 Der Inhalt der Anklage ... 45

7. Oruals Bekehrungsprozess ... 46

7.1 Veränderung durch das Schreiben ... 46

7.2 Orual erkennt ihre „Ungit-Ähnlichkeit" 47

7.3 Oruals „Liebe" zu Psyche ... 49

7.4 Suizidversuch und eigener Neuanfang ... 51

8. Die Antwort ... 53

8.1 Zeichen von Gott ... 53

8.2 Oruals Anhörung vor Gericht ... 54

8.3 Neuanfang durch Gott ... 57

8.4 Oruals letzte Worte ... 59

Nachwort ... 61

Benutzte Literatur ... 62

Endnoten ... 64

Buchempfehlung ... 65

Impressum ... 66

Vorwort

Der Roman *Till We Have Faces* (deutscher Titel: „Du selbst bist die Antwort") ist wohl das kontroverseste und meist missverstandene von C.S. Lewis` Werken.[1] Aber nach Lewis sind Kontroversen positiv, da die erste Aufgabe der Kunst darin besteht, Interesse zu wecken.[2] Um jedoch ein bisschen „Licht ins Dunkel" zu bringen und die persönliche Auseinandersetzung mit seinem Werk zu ermöglichen, schreibe ich diese Einführung zu seinem letzten Roman.

Da C.S. Lewis bekennender Christ und aktiver Apologet war, sind in seinen Werken viele Bezugnahmen zum christlichen Glauben zu finden. So wird in dieser Einführung auch oft auf Bibelzitate hingewiesen, um dem Leser (der Leserin) die Verbindung zwischen dem Roman *Till We Have Faces* und dem Christentum aufzuzeigen. Persönliche Vorkenntnisse in Bezug auf die Bibel sind hier zwar von Vorteil, aber nicht zwingend. Die Kenntnis des Romans selbst wird jedoch vorausgesetzt, wie auch das Verstehen von englisch-sprachigen Zitaten.

Organisatorische Hinweise zu diesem Buch:

- Zitate aus *Till We Have Faces* werden in einer *anderen Schriftart* geschrieben. (Die dahinter-stehenden Seitenzahlen in Klammern beziehen sich auf folgende Ausgabe: LEWIS, C.S.: *Till We Have Faces – A Myth Retold*, Florida 1984).
- Bibelzitate erfolgen in der Regel auf Englisch, um sie besser zu C.S. Lewis` Texten in Beziehung setzen zu können. (Benutzte Ausgaben: Siehe Seite 62-63).
- Hervorhebungen in Zitaten: <u>Unterstrichen</u> durch MM, **fett** im Original.

Nun wünsche ich meinen Lesern/Leserinnen viel Freude mit dieser Einführung und mit dem „Entschlüsseln" des rätselhaften Romans von C.S. Lewis *Till We Have Faces*.

Berlin, 2015

MM

1. Einleitung zum Roman *Till We Have Faces*

1.1 Zur Person C.S. Lewis[3]

Clive Staples Lewis (1898-1963), der von Freunden „Jack" genannt wurde und auch den Pseudonym „Clive Hamilton" verwendet hat, war ein Schriftsteller, christlicher Philosoph und Literaturwissenschaftler in England. Viele Jahre ist C.S. Lewis Atheist gewesen, doch 1931 erlebt er eine Bekehrung zum christlichen Glauben und schließt sich der Anglikanischen Kirche an. Seit diesem Zeitpunkt schreibt er fast ausschließlich christliche Werke. Die meiste Zeit seines Lebens ist Lewis Junggeselle, doch 1956 heiratet er die amerikanische Schriftstellerin Helen Joy Davidman, die zwei Söhne aus erster Ehe mitbringt. (Die besondere Liebesbeziehung zwischen „Jack" und Joy wurde in *Shadowlands* verfilmt).

Während seines Lebens hat C.S. Lewis über 30 Bücher und rund 60 christliche Essays geschrieben. Viele seiner Werke wurden in andere Sprachen übersetzt und zum Teil millionenfach verkauft. Sein bekanntestes literaturkritisches Werk ist *The Allegory of Love*. Unter seinen fiktionalen Werken ragen heraus die *Perelandra-Trilogie* und die 7 Kinderbücher *The Chronicles of Narnia*. Sein einflussreichstes nicht-fiktionales Werk ist *Mere Christianity*, aber sein eigentlicher Durchbruch zur Popularität erfolgte 1942 durch *The Screwtape Letters* (ein fiktiver Briefwechsel zwischen zwei Dämonen).

1.2 Zusammenfassung der Handlung

Der Roman von C.S. Lewis *Till We Have Faces* spielt um die Zeit 300 vor Christus in „Glome" - ein kleines imaginäres Königreich am Rande der hellenistischen Welt. Das Buch ist eine Ich-Erzählung der Königin Orual von Glome, die eine Anklageschrift gegen die Götter verfasst. Als Orual noch ein Kind war, stirbt ihre Mutter. Ihr Vater, der König, ist lieblos, jähzornig, und verprügelt seine Tochter oft. Im Gegensatz zu ihrer hübschen, 3-Jahre-jüngeren Schwester Redival ist Orual von Geburt an sehr hässlich. So hat sie in ihrer Kindheit und frühen Jugend (abgesehen vom „Fox", einem griechischen Sklaven, der zu ihrem Lehrer wurde) keinen Menschen, der sie liebt oder die Freundschaft zu ihr sucht. Doch ihr Vater heiratet erneut, ein drittes Mädchen wird geboren, und Orual übernimmt ab sofort die Mutterrolle für ihre Halbschwester Psyche, da die neue Königin bereits bei der Geburt stirbt.

Durch Psyche kommen Trost und Freude in das Leben Oruals. Mit zunehmendem Alter gewinnt Psyche so sehr an Schönheit, Reife und Liebe, dass sie von vielen Menschen als eine Art Gottheit verehrt wird. Doch dies erregt den Zorn der Landesgöttin Ungit, die die alleinige Verehrung beansprucht: Deshalb soll ihr Psyche geopfert werden. Orual versucht mit aller Kraft die Opferung zu verhindern, doch Psyche wird vom Volk auf den Berg getragen. Da Orual schwer krank wird, kann sie der Zeremonie nicht beiwohnen; sie entschließt sich aber später, auf den Berg zu steigen, um Psyche zu bestatten. Doch zu ihrem großen Erstaunen findet sie Psyche lebend wieder.

Psyche erzählt Orual, dass der „God of the Grey Mountain" sie gerettet hat, und sie nun seine Ehefrau geworden ist. Doch der schöne Palast, in welchem Psyche jetzt lebt, ist für

Orual unsichtbar. Deshalb schlussfolgert sie, dass ihre Schwester durch die Zeremonie wahnsinnig geworden sein muss, und will sie dazu bringen, zurück nach Hause zu kommen. Orual sieht den Palast zwar für einen kurzen Moment, tut dies jedoch als Illusion ab. Aber Psyche ist von der Liebe und von der Wahrheit ihres göttlichen Gemahls vollkommen überzeugt und will bei ihm bleiben. Doch der „God of the Grey Mountain" hat seiner Braut ein Gebot auferlegt: Sie darf nicht sein Angesicht sehen. Orual weiß, wie sehr Psyche sie liebt. Deshalb droht sie ihr mit Selbstmord, wenn sie nicht das Gebot ihres Gottes übertritt. Orual will Psyche damit beweisen, dass alles nur ein Schwindel ist. Nach langem Zögern bricht Psyche das Gebot, um Oruals Suizid zu verhindern. Daraufhin wird sie von ihrem „Gott-Gemahl" verlassen, geht bitterlich-weinend davon und kehrt nicht zurück. Nun spricht der „God of the Grey Mounain" erstmalig zu Orual, um ihr klarzumachen, was sie angerichtet hat.

Seit diesem Tag der Gottesbegegnung trägt Orual einen Schleier. Nach dem Tod ihres Vaters wird sie selbst Königin, stürzt sich in

Arbeit und versucht sich abzulenken. Doch sie kann ihr ganzes Leben lang nie vergessen, dass sie selbst schuld ist am Zerbruch des Glücks ihrer Schwester. Als Orual alt geworden ist, begegnet sie einem fremden Priester. Dieser kennt die Geschichte von dem, was auf dem Berg geschehen ist, doch in einer verfälschten Version: Er meint, dass Orual Psyche nur aus purem Neid auf den wunderschönen Palast zum Vertrauensbruch gegenüber ihrem Gott überlistet hätte. Daraufhin entschließt sich die Königin, ihre Anklageschrift gegen die Götter zu schreiben.

Kurz nachdem Königin Orual ihre Anklageschrift fertiggestellt hat, wird ihr durch Visionen gezeigt, dass sie nur aus Egoismus gehandelt hatte: Sie wollte Psyche nicht an die Götter „verlieren"! Psyche sollte allein ihr gehören und nur sie lieben. Durch die Erkenntnis, dass sie selbst so boshaft ist wie die alles verschlingende Göttin Ungit, will Orual sich das Leben nehmen. Doch Gott hindert sie an dieser Tat und sagt ihr, dass nur der eigene „Tod vor dem Tod" zur Befreiung vom Bösen und von sich selbst führt. Die Bedeutung dieser Aussage wird Orual mit der Zeit immer klarer, und sie erkennt auch, dass sie trotz ihrer Schlechtigkeit von Gott aus Gnade angenommen ist. In der letzten Vision macht Gott ihre Seele und ihren Körper schön; und Orual und Psyche sind wieder vereint. Durch das Anschauen Gottes vergehen alle Vorwürfe. Er selbst ist die Antwort. Die Königin stirbt in Frieden mit Gott, während sie ihre Anklage schriftlich widerruft - vier Tage nach ihrer letzten Vision.

1.3 Aufteilung des Romans

Till We Have Faces besteht aus zwei Teilen:

- Teil I (Kapitel 1-21): Die Anklage
Im Alter von ungefähr 60-70 Jahren schreibt Königin Orual von Glome eine chronologische, tagebucharartige Beschreibung der in ihrem Leben wichtigsten Ereignisse.

- Teil II (Kapitel 1-4): Die Antwort
Teil II ist eine „Neuinterpretation" von Teil I, da sich Oruals ganze Einstellung zu sich selbst und zu den Göttern verändert hat. (Trotzdem liegen zwischen dem Schreiben beider Teile nur wenige Wochen).

* Inhalt der Kapitel:

Teil I:

1 Einleitende Worte; Oruals Kindheit
2 Psyches Kindheit
3 Psyche wird vom Volk verehrt
4 Psyche wird vom Volk verflucht
5 Der alte Priester und der König
6 Orual kämpft um Psyches Rettung
7 Orual besucht Psyche im Gefängnis
8 Psyches Opferung und Oruals Krankheit
9 Orual und Bardia reiten auf den Berg
10 Psyche erzählt Orual von ihrer Rettung
11 Orual glaubt nicht an Psyches Gott-Gemahl
12 Orual sieht den unsichtbaren Palast
13 Beratung zwischen Orual und dem Fox
14 Orual überredet Psyche zum Ungehorsam
15 Psyche wird von Gott verstoßen
16 Oruals Verschleierung
17 Oruals politische Entscheidungen
18 Kampfvorbereitungen; Tod des Königs
19 Schwertkampf, und Einsamkeit der Königin
20 Regierungszeit der Königin Orual von Glome
21 Legende der Göttin Istra; Entschluss, die
   Anklage gegen die Götter zu schreiben

Teil II:

1 Orual erkennt ihre Schuld an Bardias Tod
2 Orual erkennt ihre „Ungit-Ähnlichkeit"
3 Visionen; Orual liest ihre Anklage vor
4 Weitere Visionen; Orual bekommt ihre
   Antwort von Gott und stirbt in Frieden

1.4 Hintergrund-Informationen

Till We Have Faces (deutscher Titel: „Du selbst bist die Antwort") ist der letzte Roman, den C.S. Lewis vor seinem Tod geschrieben hat, und er widmete ihn seiner Frau Joy Davidman kurz vor ihrer Eheschließung. Ein zentrales Thema ist hier die Spannung zwischen Vernunft und Imagination.[4] In seinem ersten Roman *The Pilgrim´s Regress* hatte Lewis noch versucht, Wahrheiten hauptsächlich über den Intellekt zu vermitteln, wobei er sich der Allegorie als Gestaltungsmittel bedient hat. Doch in seinem letzten Roman benutzt er schwerpunktmäßig den Mythos, um die Imagination anzusprechen. Beide Romane werden als eine Form von „spirituellen Autobiographien"[5] angesehen, und Lewis´ Bruder Warnie behauptet, dass es die beiden Werke sind, in welchen C.S. Lewis sich selbst am stärksten eingebracht hat.[6] Wie die Anklage Oruals im Roman lange reifen musste, bevor sie zum Ausbruch kam, musste auch die Idee zu *Till We Have Faces* bei Lewis um die 30 Jahre lang reifen, bis er die passende Form gefunden hatte: Schon in den 20ern hatte Lewis überlegt, es als Drama (und später als Gedicht) zu schreiben, bis er sich entschloss, dass das Narrative für diese Handlung die beste Darstellungsmöglichkeit ist.

Till We Have Faces beinhaltet Elemente des historischen Romans, des Entwicklungsromans, der „mystic romance" und der fiktionalisierten philosophischen Abhandlung in Form einer Auseinandersetzung mit griechischer Philosophie und traditionellem Glauben. Die Handlung des Romans spielt um circa 200-300 vor Christus in einem kleinen imaginären Land am Rande der damaligen hellenistischen Welt. Das Buch ist eine Mutmaßung darüber, wie die griechische Kultur solch ein Land anfanghaft beeinflusst haben könnte.[7]

Wie es schon im Untertitel deutlich wird (*Till We Have Faces - A Myth Retold*), sieht Lewis diesen Roman als Mythos an. Den Mythos von „Amor/(Cupid) & Psyche" hat Lewis von Apuleius (*Metamorphoses*, 125 nach Christus) übernommen und einiges daran verändert: Eine wichtige Veränderung ist, dass Lewis Psyches Palast für Andere unsichtbar werden lässt. So können Oruals Handlungsmotive ambivalent werden und der Glaube an Gott im Roman eine wichtige Rolle spielen. Eine weitere Veränderung ist, dass die ganze Geschichte nicht aus der Sicht eines Dritten, sondern als Ich-Erzählung von Orual geschildert wird. Das Geschehen kann so viel persönlicher und emotionaler werden. Orual als Person und ihre Gedankenwelt gewinnen auf diese Weise Realitätscharakter. Da Orual aber auch Teil des Mythos ist, ist sie mythisch und real.[8]

Nach Lewis ist ein Mythos (bestenfalls) ein Schimmer göttlicher Wahrheit, der die menschliche Imagination berührt.[9] Um die Bedeutung eines Mythos richtig zu verstehen, muss dieser zuerst wie eine Geschichte aufgenommen werden, bevor er zu Analysezwecken auseinander genommen wird. Denn die erste Forderung der Kunst an uns ist, dass wir uns ihr ergeben.[10]

Lewis erzählt hier diesen heidnischen Mythos mit christlichem Verständnis nach, um zu thematisieren, wie sich Gott in einer vorchristlichen Kultur bestimmten Menschen offenbart und sie auf den Weg der Rettung führt. Gott wird vorgestellt als ein Gott der Gnade und Liebe, der trotz der Schlechtigkeit der Menschen ihnen lange nachgeht und den „glimmenden Docht" (Matthäus 12:20) nicht auslöscht. (Weitere Themen betreffen das Verhältnis von Glaube und Ratio, Freiheit und Liebe, Folgen des Sündenfalls, der Kampf gegen das eigene Selbst, Tod, Erlösung, sowie die künftige Herrlichkeit des Gläubigen, die Gott im Menschen vollenden will).

2. Orual – die hässliche Königin

2.1 Oruals Liebesbedürfnis

Da Orual von allen Menschen (bis auf den „Fox") abgelehnt wird, hat sie ein sehr großes Bedürfnis nach Liebe. Im Gegensatz zu ihrer schönen Schwester Redival, die immer von anderen bewundert wird, hat Orual durch ihre Hässlichkeit nie die Aussicht auf eine glückliche Ehe. Als dann Psyche geboren wird, entsteht zwischen den beiden Prinzessinnen ein liebevolles „Mutter-Tochter"-Verhältnis. Orual beschreibt ihre Liebe zu Psyche mit den Worten: *„I wanted to be a wife so that I could have been her real mother. I wanted to be a boy so that she could be in love with me. I wanted her to be my full sister instead of my half sister. I wanted her to be a slave so that I could set her free and make her rich"* (23). Orual möchte Psyche alles geben, aber es muss von ihr selbst kommen. Sie ist eifersüchtig, wenn Psyche Liebe aus einer anderen Quelle bekommt, sei es durch Menschen oder Götter.

2.2 Oruals weltanschauliche Einflüsse

Orual muss ständig eine Wahl zwischen drei ihr begegnenden Weltanschauungen treffen:

1. Der griechische, naturalistische Rationalismus des „Fox",
2. der Volksglaube an die Göttin Ungit mit dem dazugehörigen Aberglauben, und
3. der Glaube Psyches.

2.2.1 Rationalismus des „Fox"

Der „Fox" ist ein rothaariger, griechischer, gebildeter Sklave und Oruals langjähriger, sie väterlich-liebender Lehrer. Seine Form der griechischen Weisheit hat Orual sehr beeinflusst, besonders in jungen Jahren. Als Orual Königin wird, schenkt sie ihm die Freiheit. Er bleibt aber aus Liebe zu ihr im Palast in Glome und wird zu einem ihrer zwei wichtigsten Berater neben Bardia, dem Hauptmann der königlichen Wache.

Der „Fox" repräsentiert den humanistischen Rationalismus, der alle Dinge wie Geburt, Tod, Schönheit und selbst Wunder durch natürliche Ursachen zu erklären versucht. Da auf metaphysischen Erfahrungen und Gefühlen kein Verlass ist, müssen Werte, Bedeutung und Gott in sich selbst gefunden werden. Mit zunehmendem Alter legt der „Fox" jedoch mehr Wert auf Poesie als auf philosophisches Argumentieren. Die Seele und menschliche Gefühle gewinnen für ihn an Bedeutung. Als Orual ihn dann nach seinem Tod in einer Vision sieht, hat er seine Einstellung zu vorher radikal geändert: Er hat erkannt, dass das Sichtbare und die Ratio immer nur einen Teil, und nie die ganze Wahrheit, wiedergeben können. Er bereut es, dass seine Augen für die Wahrheit der Götter und für das

Übernatürliche verschlossen waren und sagt: „I never told her why the old Priest got something from the dark House that I never got from my trim sentences. ⟨…⟩ I never told her I didn't know ⟨…⟩ I made her think that a prattle of maxims would do ⟨…⟩ So I fed her on words" (295). Und er sagt sogar: „the way to the true god is more like the house of Ungit" (295).

Orual schreibt ihre Anklage gegen die Götter an einen „hypothetischen Griechen", der als weiser Mann zwischen ihr und den Göttern gerecht urteilen soll. Mit diesem „Griechen" ist in Analogie der aufgeklärte Leser von heute gemeint, der ebenfalls Geschehnisse rational erklären will und Übernatürliches ausklammern möchte. Der Leser des Romans wird so in den Text miteinbezogen und zum Teil direkt angesprochen. So wird er zum Beispiel gefragt: „You, who read my book, judge. Was it so?" (173), als Orual von Gott vorgehalten wird, dass sie sich in Bezug auf ihren Zweifel an Psyches Aussagen nur selbst täuschen wollte. Der Leser muss im Laufe der Geschichte genau wie Orual Entscheidungen darüber treffen, welcher Perspektive er Glauben schenken will. Wenn Orual sündigt, und der Leser ihrem Urteil zustimmt, sündigt er quasi mit und macht sich in der gleichen

Weise schuldig. Im Teil II des Romans ist er dann völlig überrascht von ihrer neuen Einstellung, und auf den Grund dafür gespannt.

2.2.2 Die Göttin Ungit

Oruals Denken ist nicht völlig frei vom Götterglauben Glomes. Dieser besteht aus einer Trinität der Göttin Ungit, ihres Sohnes („God of the Grey Mountain") und des „Shadowbrute"; dies kann als eine Art Parallele zur Trinität im christlichen Glauben von Vater, Sohn und Heiligem Geist gedeutet werden. Es besteht jedoch eine gewisse Spannung zwischen Göttin und Sohn, ähnlich wie die Dynamik im Christentum zwischen einem Gott des Zorns und einem Gott der Liebe.[11] Ungit ist dabei die einzige, die eine Statue und einen Tempel besitzt, und so vom Volk gesehen und besucht werden kann. Der „Shadowbrute", wie der Name schon sagt, wird (wenn überhaupt) nur als Schatten wahrgenommen. Der „God of the Grey Mountain" hält sich ebenfalls meistens im Hintergrund, und wird für eine Weile nur von Psyche gesehen.

Die Göttin Ungit ist ein dunkler, blutbedeckter, dicker Stein ohne Gesicht. Ihre Gesichtslosigkeit bewirkt, dass Tausende von verschiedenen Gesichtern durch die Reflexionen des Feuers wahrnehmbar werden. Ihre ganze Erscheinung bewirkt beim Betrachtenden eine große Ehrfurcht, Nachdenklichkeit, und *the horror of holiness* (54). Priester und Tempelprostituierte sind pompös bemalt und maskiert, so dass sie gänzlich unwirklich erscheinen. Im Tempel ist es sehr stickig durch das ganze verbrannte Fett, den Wein, und durch das Blut der Opfertiere, die Ungit regelmäßig verlangt. (Menschenopfer hingegen fordert sie nur sehr selten). Blutopfer spielen auch in der Bibel eine Rolle. So heißt es: „And almost all things are by the law purged with blood; and without shedding of blood is no remission" (Hebrews 9:22).

Orual empfindet Unbehagen und Angst für alles, was im Zusammenhang mit Ungit steht. Sie fragt sich, warum alles, was die Götter betrifft, immer dunkel und unheimlich sein muss. Eine Antwort auf diese Frage wird gegeben, als der Priester mit dem „Fox" argumentiert: *„Greek wisdom ⟨...⟩ brings no rain* *and grows no corn; sacrifice does both. ⟨…⟩ nothing that is said clearly can be said truly about them. Holy places are dark places. It is life and strength, not knowledge and words, that we get in them. Holy wisdom is not clear and thin like water, but <u>thick and dark</u> like blood*" (50). Wegen dieser Form von Unklarheit bedeutet Glauben einen Sprung ins Unbekannte. Der Mensch begibt sich in Dinge, deren Bedeutung, Einfluss und Tiefe noch nicht ganz abzuschätzen sind; so muss er seine Sicherheiten aufgeben.

Nach dem Tod des alten Priesters der Göttin Ungit wird der junge Arnom sein Nachfolger. Dieser ist beeinflusst durch die griechische Weisheit des „Fox", und will die alte Ungit-Statue durch eine neue, schöne, griechische Statue ersetzen. Er möchte dadurch alles Unheimliche und Mystische abschaffen, und stattdessen Klarheit und Schönheit in Bezug auf die Götter in den Vordergrund stellen. Tatsächlich hat die neue Statue zwar einen schöneren Anblick, aber das Volk von Glome ist mit ihr unzufrieden. Denn auch die alte Ungit-Statue besitzt eine Schönheit, die nur der demütige Gläubige wahrnehmen kann.[12] Trotz ihrer vielen merkwürdigen Gesichter konnte durch sie auch die dahinter stehende Gnade und Vergebung durchschimmern. Sie ist diejenige, die das Volk kennt, ihre Sprache und ihre Sorgen versteht und allein ihr Herz erreichen kann, wogegen die neue Ungit nur schön für das Auge ist, aber aus Sicht des Volkes in Not weder trösten noch helfen kann.

In den Visionen am Ende des Lebens von Orual taucht die Ungit-Thematik häufig auf. So wird Orual mitgeteilt: „*All, even Psyche, are born into the house of Ungit. And all must get free from her*" (301). Dies lässt sich folgendermaßen deuten: Ungit repräsentiert die „sündige Linie" Adams, in die alle Menschen als Folge des Sündenfalls hineingeboren werden.[13] Auch ist Ungits Tempel wie ein Ei geformt, was andeuten soll, dass die ganze Welt daraus - das ist aus der Sünde - hervorgekommen ist. Dadurch ergibt sich die Notwendigkeit der Wiedergeburt: Diese zeigt sich subtil durch das Ritual der Feier der Wiedergeburt am Neujahrstag in jedem Frühling, wenn sich der Priester (symbolisch) den Weg durch Ungits Tempel freikämpft,[14] während das Volk voller Freude draußen auf ihn wartet. An Psyche, die wie alle anderen Menschen unter der Sünde geboren ist und somit als Symbol für die Menschheit steht, wird dann verdeutlicht, was es heißt, sich völlig Gott hinzugeben und ihm zu vertrauen. Und an Orual wird gezeigt, wie Gottes Handeln an einem eigensinnigen Charakter aussehen kann, und dass der Weg, den Gott mit unterschiedlichen Menschen zur Erlösung geht, individuell verschieden ist. (Bei Orual hat dieser Weg Gottes ein ganzes Leben lang gebraucht).

Insgesamt lässt sich sagen, dass das Symbol um Ungit herum sehr verwirrend ist: Einerseits ist sie grausam, düster und blutrünstig, andererseits hilft sie demjenigen, der sie bittet. Das Mysteriöse an ihr steht im klaren Kontrast zum offenen Skeptizismus des „Fox". Sie wird von Lewis als natürliche Formation durch die Geschichte des Volkes angesehen, die in Teilaspekten ihres Wesens Spuren der Wahrheit enthält.

2.2.3 Der Glaube Psyches

Zusätzlich zum Rationalismus des „Fox" und dem Götterglauben Glomes wird Orual mit dem Glauben Psyches konfrontiert. Psyche hatte schon immer eine Sehnsucht nach dem „God of the Grey Mountain". Diese ist so stark, dass sie bei ihr zu einer Art heimlicher Todessehnsucht wird. Sie versucht Orual ihre lebenslange Sehnsucht zu erklären: *„It was when I was happiest that I longed most. ⟨...⟩ Do you remember? The color and the smell, and looking across at the Grey Mountain in the distance? And because it was so beautiful, it set me longing, always longing. Somewhere else there must be more of it. Everything seemed to be saying, Psyche come! But I couldn't (not yet) come and I didn't know where I was to come to. It almost hurt me. I felt like a bird in a cage when the other birds of its kind are flying home"* (74).

Psyche macht einen Glaubenssprung ins Unbekannte, als sie im Gefängnis darauf wartet, zu ihrer eigenen Opferung vom Priester abgeholt zu werden. Anstatt Angst zu haben, freut sie sich auf ihren nahenden Tod, damit sie „nach Hause" gehen kann. Sie gewinnt Mut, indem sie sich auf Dinge stützt, die sie vorher schon von Gott erkannt hatte: Die Schönheit seines Berges, ihre innere Sehnsucht nach ihm und seine rufende Stimme in ihrem Herzen. Psyches Vertrauen wird belohnt, sie wird vor dem Tod gerettet und erfreut sich als Braut an ihrem „god-lover". (Diesen Glauben wird Königin Orual am Ende ihres Lebens bei ihrer Bekehrung annehmen).

3. Psyche – die schöne Braut

3.1 Psyches Schönheit und Persönlichkeit

Psyche ist eine Königstochter voller Demut, Wahrheit, Liebe und Glauben, die immer zuerst an die Bedürfnisse der Anderen denkt. Darüber hinaus ist sie von sonderbarer, reiner, göttlicher Schönheit. Psyche weist auf den vollkommenen Zustand des Menschen im Paradies vor dem biblischen Sündenfall hin. Orual sagt, Psyche war *„what every woman, or even every thing, ought to have been and meant to be, but had missed by some trip of chance"* (22). Ihre Schönheit wurde durch ihre Gegenwart auf alle anderen Dinge übertragen: *„When she trod on mud, the mud was beautiful; when she ran in the rain, the rain was silver. When she picked up a toad ⟨...⟩ the toad became beautiful"* (22). So kann sich auch die hässlich-geborene Orual an Psyches Schönheit erfreuen und daran Anteil haben.

Doch Psyches Vollkommenheit hat fatale Folgen: Aufgrund ihrer Schönheit fangen die Menschen an, sie als eine Art Göttin zu verehren. So kommen zum Beispiel schwangere Frauen zu ihr und wollen ihren Segen, damit ihre Kinder so hübsch werden wie sie. Sie lassen sich von ihr küssen, legen ihr Myrte zu Füßen, verbeugen sich vor ihr und bedecken ihre Häupter mit Staub. Psyche merkt in ihrer Unschuld keine Schlechtigkeit daran und lässt diese Dinge mit sich geschehen. Doch Orual warnt sie mit dem Gedanken „*The gods are jealous*" (28). Die Götter wollen immer an erster Stelle stehen und ihre Anbetung mit Niemandem teilen. So heißt es auch in der Bibel: „Thou shalt not bow down thyself to them, nor serve them: for I the LORD thy God am a jealous God" (Exodus 20:5).

Die Eifersucht der Götter macht sich im Königreich Glome bemerkbar, seit Psyche Verehrung zu Teil wird. Das Land wird nun von vielen Plagen heimgesucht: Schlechte Ernten, viele Tiere sterben, Löwen kommen ins Dorf, Krankheiten brechen aus unter dem Volk und ähnliches. Durch ein Losverfahren stellt der alte Priester der Ungit fest, dass die Plagen aufgrund von Istra (Psyches einheimischer Name) über das Land kommen. Psyche wird von der Verehrten zur Verfluchten, und soll den Göttern geopfert werden. Nach ihrer Darbringung setzt sofort der Regen wieder ein und die Plagen bedrücken nicht mehr das Land.

3.2 Psyche-Christus-Parallelen

Zwischen Psyche und Jesus Christus lassen sich im Roman *Till We Have Faces* viele Parallelen beobachten. Einige sind:

- Psyche hilft jedem, der sie um Hilfe bittet (82; Matthäus 7:7)
- Sie heilt Fieberkranke (30; Matthäus 8:15)
- Ihr werden Opfer dargebracht (28; Markus 14:8)
- Sie wird beschuldigt: *„She made herself a goddess"* (39; Johannes 5:18)
- Sie wird verflucht (49; Galater 3:13)
- Sie bezahlt den Preis für das Leben Anderer (166; 1. Korinther 6:20)
- Ihr wird ein *„sticky drink"* dargereicht (107; Matthäus 27:48)
- Die Opferung geschieht an einem „Holz" (48; 1. Petrus 2:24)
- Sie vergibt denjenigen, die nicht wissen, was sie tun (69; Lukas 23:34)
- Ihre sterblichen Überreste werden nicht gefunden (98; Markus 16:6)
- Sie lebt (101; Johannes 21:14)
- Sie gibt Orual das „Abendmahl" (104; Markus 14: 22-24).

Diese zahlreichen Parallelen zwischen Psyche und Christus legen eine Identifikation der beiden Personen nahe. Doch trotzdem ist hier, nach Lewis, keine Eins-zu-Eins-Übertragung gemeint; denn jeder gute Mensch ist zwangsläufig Christus-ähnlich,[15] so auch Psyche durch ihre Güte. Sie wird dadurch nicht Christus selbst, sondern bleibt die Prinzessin Istra der Geschichte. Eher ist der Gemahl Psyches (der „God of the Grey Mountain") ein Symbol für Christus, wodurch sie ein Symbol der christlichen Gemeinde als „Braut Christi" (Offenbarung 19:7) wird. So ist dann auch die körperliche Liebe zwischen Psyche und ihrem „Gott-Gemahl" Ausdruck der Sehnsucht nach der Vereinigung mit Gott.

4. Konflikt zwischen Orual und Psyche

4.1 Konflikt im Gefängnis

Die Opferung Psyches kann nicht verhindert werden, obwohl Orual unter Bitten und Tränen versucht, ihr dieses Schicksal abzunehmen. In der Nacht vor der Opferung besucht sie Psyche heimlich im Gefängnis, um sie zu trösten, ihr Mut zuzusprechen und ihr Liebe zu geben. Doch in der Zelle findet sie eine von Kraft und Hoffnung erfüllte Psyche, die sich darauf freut, endlich Sterben zu dürfen und ihrem Gott zu begegnen. Doch anstatt sich über Psyches Mut zu freuen, macht Orual ihr Vorwürfe, dass Psyche sie zu wenig liebt, da sie die Trennung von ihr so schmerzlos verkraftet. Orual denkt nur an ihren eigenen Verlust, fängt vor Kummer an zu weinen und wird stattdessen von der todgeweihten Psyche getröstet. Doch obwohl Psyche Orual versichert, dass sie sie liebt, bleibt Orual bei ihren Vorwürfen und muss aus der Zelle entfliehen, bevor sie ihre bösen Worte zurücknehmen kann.

4.2 Konflikt auf dem Heiligen Berg

Nach der Opferung Psyches - an der Orual aufgrund einer schweren Krankheit nicht teilnehmen konnte - geht Orual auf den Berg, um Psyches Leichnam eine würdevolle Bestattung zu geben. Sie findet aber keinen Leichnam, und noch nicht einmal Psyches Kleidung. Was Orual nicht wusste ist, dass die „Opferung" Psyches darin bestanden hat, dass sie vom Volk im Beisein des alten Priesters in

Tempelkleidung auf die Spitze des Berges gebracht, mit eisernen Ketten an den Heiligen Baum gebunden und dort allein den Göttern überlassen wurde. Orual findet Psyche lebend wieder, in vollkommener Schönheit, und zwar am anderen Ende des Ufers auf dem Heiligen Berg „the Grey Mountain". Ein Fluss ist ein Symbol für den Tod, oder der Grenzlinie zwischen zwei Welten. (In der klassischen Mythologie ist es der Fluss „Styx", den die Seelen überqueren müssen um in die Unterwelt zu gelangen).[16] Psyche ist nun getrennt von der Menschenwelt durch einen kalten Strom, wo sie mit ihrem geliebten Gott vereint ist.[17] Sie ist übergegangen in die Welt der Götter und fast selbst schon eine der strahlenden Unsterblichen geworden.[18]

Psyche erzählt Orual, wie sie der „God of the Grey Mountain" gerettet hat, wie sie seine Gemahlin wurde, und dass sie nun mit ihrem „Gott-Gemahl" im gemeinsamen göttlichen Palast wohnt. Da Orual den Götterpalast nicht sehen kann, hält sie die Ausführungen Psyches für einen Traum. Doch diese versichert ihr: *„It's more likely everything that had happened to me before this was a dream"* (112). Orual findet die

Schilderungen unheimlich und erklärt ihre geliebte Schwester für verrückt. Aber auf dem Heimweg kann Orual den überwältigenden Palast doch für einen kurzen Moment sehen, allerdings nur im Nebel. Sie schreibt: *„I almost came to a full belief ⟨...⟩ This valley was indeed a dreadful place; full of the divine, sacred, no place for mortals. There might be a hundred things in it that I could not see"* (120). Doch diese übernatürliche Erfahrung erstickt Orual im Keim, und anstatt sich für die Wahrheit zu öffnen denkt sie sich: *„What is the use of a sign which is itself only another riddle?"* (133). Sie entschließt sich, hart zu bleiben und darauf zu bestehen, dass Psyche nach Glome zurückkehrt. Orual repräsentiert das Bild einer Frau, die zwischen Glaube und Realitätswahrnehmung hin- und hergerissen ist.[19]

4.3 Das Gebot und die Versuchung

Psyche lebt und übernachtet zwar schon mit ihrem „god-lover", doch ähnlich wie in der Bibel Gott den Menschen im Paradies ein Gebot gibt (das Essen der Frucht des Baumes der Erkenntnis von Gut und Böse ist verboten; Genesis 2:17), gibt der „God of the Grey Mountain" seiner Braut ein Gebot. Psyche erklärt Orual: „*I mustn't – not yet – see his face or know his name. I'm forbidden to bring any light into his – our – chamber*" (123). Dieses Gebot erinnert ebenfalls an die biblische Begebenheit, wo Moses begehrte, Gottes Angesicht zu sehen, dieser ihm jedoch erwidert: „Thou canst not see my face: for there shall no man see me, and live" (Exodus 33:20). Psyche liebt und vertraut ihrem Ehemann, und möchte sein Gebot halten. Aber Orual will sie davon überzeugen, es zu brechen: Psyche soll nachts eine Lampe nehmen und ihren Gemahl heimlich im Schlaf beobachten. Den Gedanken, dass Gott gute Gründe für seine jetzige Verborgenheit hat (nämlich dass er zu schön und gewaltig ist, und Psyche auf diese Erfahrung erst noch vorbereitet werden muss), diesen Gedanken verdrängt Orual sehr schnell. Denn das Einzige, was sie interessiert, ist, dass Psyche Gott verlässt und zu ihr nach Glome zurückkommt.

Ähnlich wie die Schlange Eva im Garten Eden in der Bibel verführt hat (Genesis 3), will Orual auch Psyche zum Gebotsübertritt überreden. Sie bringt folgende Argumente:

- Orual apelliert an Psyches Verstand und macht sie darauf aufmerksam, dass das Gebot unvernünftig ist, wie auch die Schlange an Evas Verstand appelliert und sie darauf aufmerksam macht, dass es merkwürdig ist, dass sie von allen Bäumen des Gartens Essen darf bis auf den, der in der Mitte steht.

- Orual stellt Gottes Charakter in Frage mit dem Argument, dass niemand, der ehrlich ist, sein Gesicht vor anderen verbergen würde: *„What sort of god would he be who dares not show his face?"* (159). Sie sagt, dass er vermutlich hässlich ist oder Psyche täuschen will. Die Schlange in der Genesis stellt Gottes Charakter ebenfalls in Frage und stellt ihn als jemanden dar, der andere naiv halten will: „your eyes shall be opened, and ye shall be as gods" (Genesis 3:5).

- Orual sagt, wenn Gott wirklich liebevoll ist, wird er durch das Brechen eines unvernünftigen Gebotes nicht zornig über Psyche sein können, sondern ihr sofort vergeben. Auch die biblische Schlange leugnet jegliche negative Konsequenzen der

Gebotsübertretung und versichert Eva: „Ye shall not surely die" (Genesis 3:4).

- Orual meint, dass es sich garnicht um einen Gott handelt, der bei Psyche wohnt, sondern um einen Vagabunden oder Flüchtling, der sie von den eisernen Ketten am Heiligen Baum befreit hat, sie jetzt ernährt und dafür des Nachts genießt.

Alle Argumente sind jedoch nicht fähig, Psyche in ihrer Liebe zu Gott zu erschüttern. So greift Orual zu einem letzten Mittel: Sie verletzt sich selbst mit einem Messer und droht mit Selbstmord, wenn Psyche den „Test" mit der Lampe nicht durchführt. Psyche ist tief erschüttert darüber, wie Orual Psyches starke Liebe zu ihr als Erpressungsmittel missbraucht. Das Vertrauen zwischen den beiden Königstöchtern stirbt in jenem Moment, und Psyche wird aufgrund von Oruals egoistischer Liebe ungehorsam. Psyche sagt zu ihr: *„I know what I do. I know that I am betraying the best of lovers and that perhaps, before sunrise, all my happiness may be destroyed forever. This is the price you have put upon your life. Well, I must pay it"* (166).

4.4 Folgen des Ungehorsams

Nachdem Psyche das Gebot ihres „Gott-Gemahls" übertritt und ihn heimlich im Schlaf beobachtet, bricht der Himmel entzwei: Blitze, Donner, Stürme, Regen und Gewalten zerstören das ganze Tal, Bäume fallen, der Berg bebt und das Flussbett weitet sich aus. Psyche beginnt bitterlich zu weinen. Und Gott erscheint Orual und sagt zu ihr: *„Now Psyche goes out in exile. Now she must hunger and thirst and tread hard roads. Those against whom I cannot fight must do their will upon her. You, woman, shall know yourself and your work. You also shall be Psyche*" (173). Dieses Urteil ist vernichtend, dennoch enthält es bereits eine Verheißung der Gnade, wie sich später noch herausstellen wird. Wie Adam und Eva nach dem biblischen Sündenfall aus dem Paradies vertrieben werden, werden Orual und Psyche vom Heiligen Berg vertrieben als Folge ihres Ungehorsams.

Psyches Weinen steht auch symbolisch für den Kummer als Folge des Getrenntseins von Gott, wie es heißt „the whole creation groaneth and travaileth in pain together until now" (Romans 8:22). Durch Psyches verzweifelter Trauer wird Orual auch eine neue Dimension des

Schmerzes bewusst, und sie empfindet ab diesem Zeitpunkt das Leben als „*senseless repetition of days and nights*" (236) - wie auch der Prediger sagt „vanity of vanities; all is vanity" (Ecclesiastes 1:2).

5. Oruals Verschleierung

5.1 Grundsätzliches zur Schleierthematik

Ein Schleier hat die grundsätzliche Funktion, etwas für eine bestimmte Zeit zu verbergen, bis die Stunde kommt, in der das Verborgene aufgedeckt werden soll. Von Bedeutung ist die Schleierthematik bereits in Bezug auf den Titel *Till We Have Faces*, der auf die Enthüllung hindeutet, die im Laufe des Romans stattfinden wird. Nachdem Orual vom Heiligen Berg verbannt wird und Psyche verliert, wird sie Königin von Glome, und verbirgt ihre Trauer wie auch ihr Gesicht dauerhaft durch einen Schleier.[20] Sie wird bekannt als „the veiled Queen" (die verschleierte Königin). Abgesehen von Orual selbst ist auch die Tempelgöttin Istra beim Priester von Issur im Winter verschleiert, wie auch die Person, vor der Orual ihre Anklage hält.

5.2 Orual verbirgt sich vor Gott

Nachdem Orual Psyche zum Treuebruch gegenüber ihrem Gott gezwungen hat, trägt sie immer einen Schleier. Dieser ist hier ein Zeichen des Versteckens vor Gott wegen begangener Schuld. Auch in der Bibel versteckten sich Adam und Eva vor Gott und machten sich Schurze aus Feigenblättern, nachdem sie von der verbotenen Frucht gekostet hatten (Genesis 3: 7-8). Aber Orual trägt nicht nur einen Schleier im Gesicht; der „Schleier" um ihr Herz hat sie ja daran gehindert, die Wahrheit um die Götter zu sehen. Als Folge des Sündenfalls ist das Herz eines Menschen unfähig, Gott zu erkennen: „the veil is upon their heart. Nevertheless when it shall turn to the Lord, the veil shall be taken away" (2. Corinthians 3: 15-16).

Ein weiterer Aspekt des Schleiertragens ist, dass Orual vor Gott noch keine ausgereifte Persönlichkeit ist. Sie hat noch kein richtiges „Face", welches fähig wäre zu sagen, was ihre wirkliche Anklage, ihr wirklicher Schmerz ist. Dieses „Face" muss sich im Laufe des Romans erst noch entwickeln und Konturen bekommen.

5.3 Orual verbirgt sich vor Menschen

Orual möchte die Hässlichkeit ihres Gesichtes, die sich jetzt zusätzlich mit ihrer Trauer um Psyche vermischt, durch den Schleier vor den Menschen verbergen. Sie wurde wegen ihres Aussehens oft von Menschen gedemütigt, besonders von ihrem eigenen Vater, der ständig über ihre Hässlichkeit lästerte und sie zwang, sich im Spiegel anzusehen. Nun ist ihr Schleier ein Schutzwall gegen Demütigungen.

Oruals Tragen des Schleiers hatte zwei Auswirkungen: Eine Auswirkung war das Aufkommen von Gerüchten in Bezug auf ihr Aussehen. Jeder Mensch in Glome fing an zu spekulieren, wie wohl die Königin unter dem Schleier aussah. Frauen gingen davon aus, dass sie furchtbar hässlich sei und das Gesicht eines Elefanten, eines Schweins oder eines sonstigen Tieres haben musste. Männer hingegen vermuteten, dass sie von solch einer verblüffenden Schönheit sei, dass sie sich verbergen muss, damit nicht alle Männer sich in sie verlieben oder gar die Götter eifersüchtig werden. Das eigenartigste Gerücht war, dass die Königin unter dem

Schleier überhaupt kein Gesicht hätte, und man nur reine Leere über dem Hals finden würde, wenn man ihr den Schleier abnehmen würde. Die zweite Auswirkung war, dass der Schleier Respekt und zum Teil Angst bei den Menschen bewirkte, die mit der Königin reden mussten. So kam es vor, dass Menschen vor ihr anfingen, Straftaten zu gestehen oder Lügen zu beichten, die sie sonst verschwiegen haben.

5.4 Orual verbirgt sich vor sich selbst

Durch den Schleier will sich Orual auch vor ihrem eigenen Selbst verstecken. Sie möchte sinnbildlich alles Frauliche an sich töten und begraben. Orual soll ausgelöscht werden, und nur die Königin in ihr soll leben und wachsen. Sie versucht, nicht an ihre Bitterkeit zu denken, stürzt sich in Arbeit und übernimmt die Regierung ihres Landes. Als sie kurz vor ihrem Tod anfängt, ihr Buch zu schreiben, sagt sie am Anfang des Romans: *„I was Orual the eldest daughter of Trom, King of Glome"* (4). Dies zeigt, dass die Königin im Alter, wenn sie über sich selbst nachdenkt, nur noch ihre Funktion als Landesherrin vor Augen hat, und sich nicht mehr mit Orual identifiziert, die Gefühle und

Liebe hatte. Der Verdrängungsprozess hat große Auswirkungen gehabt. Dadurch ist sie zwar weniger verletzlich, aber auch weniger zugänglich für Gott, da so ihr Herz hart wird. Aber Orual kann die Vergangenheit nicht völlig vergessen; denn der Schleier ist nur eine äußere Maske, die am Ende des Tages in der Einsamkeit abgelegt wird.

6. Die Anklage gegen die Götter

6.1 Der Auslöser für die Anklage

Die Veranlassung für Orual, überhaupt ihre Anklageschrift zu verfassen, ist, dass sie ihre eigene Lebensgeschichte kurz vor ihrem Tod von einem fremden Priester in Issur erzählt bekommt, allerdings verfälscht. Dieser verehrt Istra (Psyches einheimischer Name) als eine Art Fruchtbarkeitsgöttin, da sie durch ihre Opferung Regen bringt. Seine Version der Geschichte hat rituellen Charakter, und er sagte ihr, dass zwei Schwestern (statt einer) Istra besucht hätten, ihren schönen Palast gesehen haben und dann ihr Glück aus purem Neid zerstört haben. Doch Orual meint, dass sie nicht aus

Neid, sondern nur aus Liebe zu Psyche gehandelt hat. Deshalb will sie jetzt die Götter der Ungerechtigkeit anklagen. Ähnlich wie der biblische Hiob, der sagt: „Behold, I cry out of wrong, but I am not heard: I cry aloud, but there is no judgment" (Job 19:7) formuliert Orual: *„there is no judge between gods and men, and the god of the mountain will not answer me"* (3). Deshalb will sie, dass ein weiser Grieche über ihre Anklage gegen die Götter entscheidet. Sie zweifelt nicht daran, dass sie im Recht ist, und dass die Götter nur schweigen *„because they have no answer"* (250).

Orual versucht nun, ihre Version der Geschichte so wahrheitsgetreu wie möglich niederzuschreiben: Sie betreibt eine Art Eigencharakterstudie, in der sie ihr ganzes Leben und alle Motive für ihre Handlungen analysiert. Orual ist ehrlich, und verschweigt dem (hypothetischen) griechischen Leser nicht einmal ihre Hässlichkeit, noch dass sie Psyches Palast für einen kurzen Augenblick wirklich gesehen hat. Trotz ihrer Auseinandersetzung mit der Vergangenheit glaubt sie bis kurz vor Schluss von Teil II fest daran, dass sie Psyche wirklich geliebt habe und sie sie aus purer

Fürsorge zum Gebotsübertritt überreden musste. (Lewis zeigt hier anhand von Orual, wie gut Mechanismen der psychologischen Selbsttäuschung funktionieren können).

6.2 Der Inhalt der Anklage

Oruals Anklage beruht darauf, dass sie die Wahrheit von Psyches Aussagen über die Götter nicht hätte wissen können, sie aber trotzdem für ihren Unglauben verantwortlich gemacht wird. Die Götter sind der Meinung, dass sie genug Zeichen bekommen hätte, diese jedoch absichtlich ignoriert hat. Doch alle Zeichen waren für Orual nur Rätsel, aus denen es unvernünftig gewesen wäre, feste Schlussfolgerungen zu ziehen. Orual will konkrete sichtbare Beweise und verifizierbare statt diffuser Zeichen, um an die Götter glauben zu können.[21] Sie klagt die Götter an, weil diese immer nur in Rätseln zu den Menschen sprechen, statt eindeutig zu sagen, was sie verlangen: „*They set the riddle and then allow a seeming that can't be tested and can only quicken and thicken the tormenting whirlpool of your guesswork. If they had an honest intention to guide us, why is their guidance not plain?*" (134).

7. Oruals Bekehrungsprozess

7.1 Veränderung durch das Schreiben

Orual macht durch das Schreiben ihrer Anklage gegen die Götter eine Entwicklung durch. In Teil II sagt sie über den Schreibprozess: „*It was a labour of sifting and sorting, separating motive from motive and both from pretext ⟨...⟩ I thought I had before me a huge, hopeless pile of seeds ⟨...⟩ and I must sort them out and make separate piles ⟨...⟩ in some dreams, more madly still, I became a little ant, and the seeds were as big as millstones*" (256-257). Durch die Hingabe an das Schreiben ihrer Lebensgeschichte steht zum ersten Mal für Orual nicht sie selbst im Mittelpunkt. Indem sie sich transzendiert, wird sie frei von ihrem eigenen Selbst und kommt erst auf diese Weise wirklich zu sich selbst.[22] Die neue Interpretation ihres Lebens verändert auch ihr Verständnis der Götter und macht sie dem Übernatürlichen zugänglich.[23]

Lewis zeigt hier, wie wichtig es ist über sein eigenes Leben zu reflektieren, um Selbsterkenntnis zu bekommen und frei zu werden. Denn der Mensch transzendiert sich selbst in der literarischen Erfahrung, wie auch in der Anbetung, der Liebe und der Erkenntnis.[24] Oruals innerer Heilungsprozess beginnt, und sie erkennt, dass ihr Schreiben der Anfang ihrer Erneuerung ist: „*it was only a beginning – only to prepare me for the god's surgery. They used my own pen to probe my wound*" (253).

7.2 Orual erkennt ihre „Ungit-Ähnlichkeit"

Durch Gespräche und Visionen am Ende ihres Lebens erkennt Orual, dass sie andere Menschen egoistisch ausgenutzt hat, ohne deren Bedürfnisse in Betracht zu ziehen. So hat zum Beispiel ihre Schwester Redival einmal einem Liebhaber anvertraut: „*First of all Orual loved me much; then the Fox came and she loved me little; then the baby came and she loved me not at all*" (255). Als Orual dies kurz vor ihrem Tod erfährt wird ihr bewusst, dass sie sich nie über Redivals Sicht der Ereignisse und ihre Einsamkeit Gedanken gemacht hatte. Und was den „Fox" betrifft, so hat ihn Königin Orual zwar von seiner Sklaverei befreit, aber insgeheim gehofft, dass er nicht in seine Heimat zurückkehrt sondern bei ihr bleibt. Der „Fox" ist ihr ein Leben lang ein treuer Berater und väterlicher Freund gewesen; als er jedoch alt wird, ist sie zu beschäftigt, um viel Zeit mit ihm zu verbringen und vernachlässigt ihn. Besonders deutlich wird die zerstörerische Kraft von Oruals „Liebe" an ihrem Verhältnis zu Bardia, dem Hauptmann der königlichen Wache. Dieser ist ständig zwischen der Arbeit im Palast und seiner eigenen Frau hin- und hergerissen. Orual erinnert sich, wie sie ihm regelmäßig Arbeit aufgehäuft hatte, um ihn etwas länger für sich zu haben, oder wie sie ihm viele unnötige Fragen gestellt hat, nur um seine Stimme zu hören. Bardia wurde schließlich vor Erschöpfung so krank, dass er starb.

In einer Vision sieht Orual sich selbst im Spiegel an - doch es ist nicht ihr eigenes Gesicht, das sie erblickt, sondern das Gesicht der Göttin Ungit. Orual muss zugeben: *„I was as ugly in soul as she"* (281). Ungit verlangt nämlich ständig viele Opfer, für die die Menschen hart arbeiten und auf vieles verzichten müssen. Aber Ungit verschlingt nur alles und gibt nichts zurück. Orual erkennt nun, wie auch sie andere Menschen „verschlungen" hat. Sie erkennt ihre „Ungit-Ähnlichkeit".

Liebe im negativen Sinn, ein „Devouring", ein Verschlingen/Verzehren des Anderen, ist ein wichtiges Thema in diesem Roman, sowie bei C.S. Lewis überhaupt.[25] Es ist der Wunsch, den anderen Menschen komplett zu dominieren. „Devouring" geschieht aber auch in geistlichen Dimensionen: Dies wird zum Beispiel deutlich in der Beschreibung des „Great Offering", wenn Ungit ein Menschenopfer fordert: *when the Brute is Ungit it lies with the man, and when it is her son it lies with the woman. And either way there is a devouring*" (49). Auch im *Alten Testament* wird gesagt: „For the LORD thy God is a <u>consuming</u> fire" (Deutoronomy 4:24), wenn es um Gottes Heiligkeit und seinen Zorn über Götzenanbetung geht.

7.3 Oruals „Liebe" zu Psyche

Orual war ihr ganzes Leben lang davon überzeugt, dass sie Psyche immer aufrichtig geliebt hat. Erst kurz vor ihrem Tod erkennt sie, dass sie sich selbst etwas vorgemacht hat. Besitzergreifende Liebe und Liebessehnsucht zerreißen Orual innerlich.[26] Sie hat Psyche nicht zu sehr geliebt, sondern zu wenig, und auf die falsche Art und Weise.[27] Oruals Liebe zu Psyche ist eigennützig und pervertiert;

denn wenn eine natürliche Liebe nicht nach dem Besseren strebt, so Lewis, wird daraus etwas Schlechteres, wie Besitzergreifung oder sogar Hass. [28]

Unterbewusst war Orual eifersüchtig auf Psyche, weil sie von Gott auserwählt wurde.[29] Sie sagt: *„to hear a chit of a girl who had (or ought to have had) no thought in her head that I'd not put there, setting up for a seer and a prophetess and next thing to a goddess... how could anyone endure it?"* (291). Als Psyche ihrem Gott bedingungslos gehorchen will und Orual an die zweite Stelle setzt, empfindet sie ihr gegenüber Hass: *„I learned then how one can hate those one loves"* (127). Sie versucht nun, Psyche vom rechten Weg abzubringen, und wird zu ihrem gefährlichsten Feind. Um zu bekommen, was sie will, droht sie ihr sogar mit Mord und Selbstmord: *„you will this very night do as I have commanded you; or else I'll first kill you and then myself"* (165). Psyche ist darüber tief erschüttert und sagt: *„Oh, Orual – to take my love for you, because you know it goes down to my very roots and cannot be diminished by any other newer love, and then to make of it a tool, a weapon, a thing of policy and mastery, an instrument of torture – I begin to think I never knew you. Whatever comes after, something that was between us dies here"* (165). Oruals Selbst-Zentriertheit bewirkt, dass es in ihr keinen Raum gibt für andere Menschen oder für Gott;[30] ihre egoistische Liebe hat zerstört anstatt zu helfen, und sie geht auch selbst daran zugrunde.

7.4 Suizidversuch und eigener Neuanfang

Durch die Erkenntnis ihrer eigenen Schlechtigkeit verzweifelt Orual am Leben und will sich ertränken. Doch plötzlich hört sie Gottes Stimme - zum zweiten Mal in ihrem Leben. Er sagt zu ihr: „*Do not do it ⟨...⟩ You cannot escape Ungit by going to the deadlands, for she is there also. Die before you die. There is no chance after*" (279). Wie Paulus auf seiner Damaskusreise (Apostelgeschichte 9:5) fragt sie „*Lord, who are you?*" (279), bekommt darauf jedoch keine Antwort. So geht sie zurück in den Palast mit neuen Fragen über sich selbst und über Gott, und sie beschließt einen Neuanfang in ihrem Leben. Sie versucht, durch gute Werke eine „schöne Seele" zu bekommen und so die Ungit in ihr loszuwerden. Doch ihre guten Vorsätze scheitern an ihrer Persönlichkeit. Sie schafft es nicht, gut zu sein. Und selbst, wenn sie es geschafft hätte, hätte es ihr nichts genützt, denn es steht geschrieben: „For by grace are ye saved through faith <...> Not of works, lest any man should boast" (Ephesians 2: 8-9).

Orual scheitert zwar mit ihrem selbstgewählten Neuanfang, aber dies ist die Grundlage für ihre Bekehrung. Denn ohne Selbsterkenntnis kann ein Mensch die göttliche Gnade nicht annehmen. Oruals Rebellion gegen Gott ist jetzt verschwunden, da sie sich selbst und ihren Hass erst einmal beiseite gelassen hat. Nun kann Gott sein Werk beginnen und aus ihr eine neue Person machen. Orual versucht zu verstehen, was die Aufforderung *„Die before you die"* (279) wohl bedeuten möge. Mit der Zeit erkennt sie, dass damit gemeint ist, sein Selbst, seine Wünsche, seinen Hochmut, seine Vorurteile und seine Vorstellungen von Gott aufzugeben. Man muss seelisch „Sterben", bevor der eigene Körper stirbt, um von Ungit für immer befreit zu werden. Außerdem zieht Orual einen Vergleich zwischen äußerer und innerer Hässlichkeit und schlussfolgert, dass man beides nicht verändern kann. Sie kann also nicht aus eigener Kraft ihre Seele „schön" machen und die hässliche Ungit in ihr vertreiben. Ihr kommt der Gedanke: *„No man will love you, though you gave* *your life for him, unless you have a pretty face. So (might it not be ?), the gods will not love you (however you try to pleasure them, and whatever you suffer) unless you have that beauty of soul*"? (282). Um den Himmel zu erreichen, muss man, nach Lewis, von sich selbst frei sein,[31] Sterben bevor man stirbt. Gute Werke retten die Seele nicht; „But to him that worketh not, but believeth on him that justifies the ungodly, his faith is counted for righteousness" (Romans 4:5).

8. Die Antwort

8.1 Zeichen von Gott

Orual hatte von Gott ausreichend Zeichen bekommen, um die Wahrheit zu erkennen:[32]

- Psyches und Oruals eigene Sehnsucht nach Gott (74, 76, 96)
- Regen nach Psyches Opferung (82; Vergleiche auch Acts 14:17: „he left not himself without witness, in that he did good, and gave us rain from heaven")
- Psyches wundersame Befreiung von den eisernen Ketten am Heiligen Baum (99)
- Psyche ist am Leben und strahlt vor Gesundheit, Schönheit und Freude (157)

- Psyches Prophezeiung, dass der König Orual nicht daran hindern wird, noch einmal zu ihr zu kommen (157)
- Oruals eigenes Gewissen (120) und die Angst, sich geirrt zu haben (169)
- Orual sieht Psyches Palast (132)
- Orual sieht Gott (172).

Ziel der Zeichen war es, Orual für die Wahrheit der Götter empfänglich zu machen. Doch sie sagt: *„I saw in a flash that I must choose one opinion or the other; and in the same flash knew which I had chosen"* (126). Der Glaube an die Wahrheit ist nicht eine Frage der Fülle von Zeichen, sondern eine Frage der Entscheidung. Denn obwohl Orual allen Grund zum Glauben gehabt hatte, entscheidet sie sich dagegen, da sie den Gedanken nicht ertragen konnte, dass die Götter ihr ihre Psyche „gestohlen" haben. Am Ende ihres Lebens gesteht sie jedoch, dass alle ihre Zweifel nicht mehr waren als *„dust blown in my own eyes by myself"* (173).

8.2 Oruals Anhörung vor Gericht

In einer ihrer letzten Visionen bekommt Orual die Gelegenheit, ihre Anklage gegen die Götter vor Gericht vorzutragen. Dort steht sie einer in schwarz verschleierten Person gegenüber. Diese kann einerseits als Gott gedeutet werden, da ein Sterblicher sein Gesicht nicht sehen kann, und andererseits als Orual selbst. Ihr eigener Schleier und ihre ganze Kleidung werden ihr abgenommen, so dass sie körperlich, und im übertragenen Sinne auch geistlich, völlig nackt dasteht - Denn vor Gott bleibt nichts verborgen: „all things are naked and opened unto the eyes of him with whom we have to do" (Hebrews 4:13). Das Einzige, was sie in ihrer Hand behalten darf, ist das Buch mit ihrer Anklage gegen die Götter. Als sie diese mündlich vorträgt, liest sie folgendes:

„ ⟨...⟩ *But to steal her love from me, to make her see things I couldn't see... oh, you'll say (you've been whispering it to me these forty years) that I'd signs enough her palace was real, could have known the truth if I'd wanted. But how could I want to know it? Tell me that. The girl was mine. What right had you to steal her away into your dreadful heights?* ⟨...⟩ *I was my own and Psyche was mine and no one else had any right to her.* ⟨...⟩ *Why? What should I care for some horrible new happiness which I hadn't given her and which separated her from me?* ⟨...⟩ *Did you ever remember whose the girl was? She was mine.* **Mine.** *Do you not know what the word means? Mine!* ⟨...⟩* "* (290-292).

Eigentlich beinhaltete die Anklage gegen die Götter den Vorwurf, dass Orual keine klaren Zeichen bekommen hätte, um Psyche in Bezug auf die Wahrheit der Götter glauben zu können. Doch als sie beginnt vorzulesen, kommen völlig andere Gedanken ans Tageslicht. Ihre Anklage ist ein Schimpfen gegen das Gute, weil es ihr ihre geliebte Psyche weggenommen hat.[33] Sie wurde durch die göttliche Schönheit verführt und hat Orual verlassen. Nun war Orual alleine und ihre ganze Lebensfreude wurde ihr genommen.

Ihr ganzes Leben hatte Orual geglaubt, dass sie sich selbst hätte verteidigen können, wenn ihr nur Gelegenheit dazu gegeben würde. Doch nun wurde sie ihrer Illusion beraubt, als sie sich zum ersten Mal die nackte Wahrheit ohne jegliche Beschönigung hat sagen hören. Sie musste vor sich selbst zugeben, was sie all die Jahre verdrängt hatte: Nicht die Götter waren ihr fern, sondern sie hatte sich gegen sie entschieden und ihr Herz verhärtet, so dass sie die Wahrheit nicht sehen konnte. Nun versteht sie, wie schwach ihre Anklage in Wirklichkeit gewesen ist. Dies wurde für sie zur Antwort auf die Frage ihres Lebens!

8.3 Neuanfang durch Gott

Nachdem Orual Gelegenheit hatte, ihre Anklage gegen die Götter vorzutragen, wird sie nun - in ihrer Vision - zu ihrer eigenen Gerichtsverhandlung geführt. Der Fox beruhigt sie mit dem Gedanken, dass sie keine Gerechtigkeit bekommen wird; Ihr soll nämlich etwas Gutes geschenkt werden: Gnade. Denn Gerechtigkeit in Oruals Fall hätte schwere Strafe bedeutet (sie war egozentrisch, hat Böses getan und Psyche zu Fall gebracht); aber Gott will sie trotz allem retten und sie reich beschenken.

Der Satz „*You also shall be Psyche*" (174), den ihr Gott bei ihrer Verbannung gesagt hatte, erfährt jetzt seine Erfüllung: Die Schönheit Psyches, in Seele und Körper, wird nun auf Orual übertragen. Die hässliche Königin sieht sich zum ersten Mal wunderschön - in einer Reflexion in einem Wasserbecken in Gottes Palast. (Der Gedanke einer auch physischen Verherrlichung des Gläubigen durch Christus findet sich auch in der Bibel: „Who shall change our vile body, that it may be fashioned like unto his glorious body, according to the working whereby he is able even to subdue all things unto himself" (Philippians 3:21)).

Orual erkennt nun, dass sie sich in Bezug auf Gott geirrt hat. Er ist nicht grausam und egoistisch, sondern liebevoll, geduldig, gnädig, und von großer Schönheit. Jetzt kann Orual mit Psyche ihre Schönheit, ihre Herrlichkeit und ihr neues Leben teilen, und erlebt endgültig ihre Bekehrung. Durch ihre veränderte, göttliche Liebe sagt Orual nun über Psyche: *„I loved her as I would once have thought it impossible to love"* (307). Diese Liebe, die Psyche schon immer hatte, erfährt Orual erst hier. Nun ist sie endlich zu guten Beziehungen zu ihren Mitmenschen und zu Gott fähig. Erst jetzt bekommt sie ein wirkliches „Face" und kann Gott begegnen. Bei seiner Ankunft wird sie in eine neue Möglichkeit des Seins hinübergenommen und spürt, dass Alles nur für ihn existiert: *„I was being unmade. I was no one. ⟨...⟩ The earth and stars and sun, all that was or will be, existed for his sake. And he was coming. The most dreadful, the most beautiful, the only dread and beauty there is, was coming. The pillars of the far side of the pool flushed with his approach. I cast down my eyes"* (307).

8.4 Oruals letzte Worte

Orual hat Frieden gefunden. All ihre Fragen und Konflikte sind geklärt. Sie ist jetzt ein neuer Mensch. Ein Mensch, der wirklich lieben kann. Ein Mensch, der Gott erkannt hat. Sie kann es kaum fassen, dass die Kraft, die sie am meisten gefürchtet und gehasst hat, so gnädig ist, dass sie über die Maßen beschenkt wird. Doch vorher musste Orual erst eine Persönlichkeit werden, die sich selbst kennt. Sie musste ein „Face" bekommen und sagen können, was sie wirklich meint. Vorher hatte sie kein „Face", da sie nur auf sich selbst gesehen hat und sich über ihre eigenen Motive getäuscht hat. Jetzt aber sieht sie auf den Anderen, ist frei von sich selbst, und dadurch mehr sich selbst als je zuvor. Ein Mensch muss, so Lewis, erst „wirklich" werden, bevor er erwarten kann, eine Botschaft vom Übermenschlichen zu bekommen.[34] Orual schreibt: „*I saw well why the gods do not speak to us openly, nor let us answer. ⟨…⟩ why should they hear the babble that we think we mean? How can they meet us face to face till we have faces?*" (294).

Im letzten Kapitel, auf den letzten Seiten des Romans, findet sich der Titel zweifach wieder:

Till We Have Faces, und der deutsche Titel „Du selbst bist die Antwort". Orual hat Gott gefunden. Sie redet ihn mit „Lord" an und kann nun in Ruhe sterben. Ihre letzten Worte sind:

„I ended my first book with the words **no answer***. I know now, Lord, why you utter no answer. You are yourself the answer. Before your face questions die away. What other answer would suffice?"* (308).

Wie Orual fordert auch Hiob von Gott eine Antwort (Hiob 23:5). Doch erst am Ende, als Gott selbst mit ihm spricht, sieht er seine eigene Unzulänglichkeit ein und sagt: „therefore have I uttered that I understood not; things too wonderful for me, which I knew not. <...> I have heard of thee by the hearing of the ear: but now mine eye seeth thee. Wherefore I abhor myself, and repent in dust and ashes" (Job 42: 3-6). Hiob wie Orual sind sich einig, dass Anklagen gegen Gott nicht durch Vernunft widerlegt werden, sondern durch Gottes Wesen selbst.[35] Denn die persönliche Begegnung zwischen Mensch und Gott kann nur „face to face" geschehen, und nicht mit Verstandesargumenten. So steht in der Bibel geschrieben: „For now we see through a glass, darkly; but then face to face" (1. Corinthians 13:12).

Nachwort

Till We Have Faces ist der letzte Roman, den C.S. Lewis vor seinem Tod geschrieben hat. Dieser Roman ist zwar umstritten und oft missverstanden worden, dennoch ist er ein schönes Werk der Erzählkunst. Lewis gelingt es, anhand der Königin Orual das Innenleben und die Entwicklung einer einsamen, liebesbedürftigen Frau darzustellen, ihren inneren Konflikt zwischen Egoismus und wahrer Liebe zu Psyche aufzuzeigen, die Auseinandersetzung mit Glaube, Aberglaube und Vernunft hinzuzuziehen, und die Etappen zu ihrer Bekehrung und der Fähigkeit zu selbstloser Liebe aufzuzeigen. Orual stirbt in Frieden mit Gott – und ihr Autor Lewis auch. Das ist ein schönes Happy End !

Ich hoffe, dass mein zweites C.S. Lewis-Buch - „Die verschleierte Königin" - einen kleinen Beitrag zum besseren Verständnis seines kontroversen Romans gegeben hat. Doch auf eine vollkommene „Erleuchtung" müssen wir warten *Till We Have Faces...*

MM

Benutzte Literatur

- BROWN, Carol Ann: „Who is Ungit?", in: *Clive Staples Lewis (CSL): The Bulletin of the New York C. S. Lewis Society*, Glendale/NY 1982, (13:6), (page 1-5).
- CHARD, Jean Marie: „Some Elements of Myth and Mysticism in C.S. Lewis` Novel Till We Have Faces", in: *Mythlore: A Journal of J.R.R. Tolkien, C. S. Lewis, Charles Williams, and the Genres of Myth and Fantasy Studies*, Altadena/CA 1978 (5:2), (page 15-18).
- CHRISTOPHER, Joe R.: „Archetypal Patterns in Till We Have Faces", in: SCHAKEL, Peter J.: *The Longing for a Form: Essays on the Fiction of C. S. Lewis*, Kent 1977, (page 193-212).
- COMO, James: „Till We Have Faces: A Preface to Comprehension", in: *Clive Staples Lewis (CSL): The Bulletin of the New York C. S. Lewis Society*, Ossining/NY, (7:1), (page 1-3).
- *DIE HEILIGE SCHRIFT*: **Revidierte Elberfelder Bibel, Stuttgart 1986.**
- DONALDSON, Mara E.: „Orual`s Story and the Art of Retelling: A Study of Till We Have Faces", in: SCHAKEL, Peter J.: *Word and Story in C. S. Lewis*, Columbia 1991, (page 157-170).
- ELGIN, Don D.: „True and False Myth in C.S. Lewis` Till We Have Faces", in: *South Central Bulletin*, College Station/TX 1981, (4:4), (page 98-101).
- HARRIES, Richard: *C.S. Lewis: The Man and his God*, London 1987.
- HOWARD, Andrew: „Till We Have Faces and its Mythological and Literary Precursors", in: *Mythlore: A Journal of J.R.R. Tolkien, C. S. Lewis, Charles Williams, and the Genres of Myth and Fantasy Studies*, Los Angeles/CA 1977, (4:3), (page 30-32).
- KEEFE, Carolyn: „Mystic Experience in Till We Have Faces", in: *Clive Staples Lewis (CSL): The Bulletin of the New York C. S. Lewis Society*, Ossining/NY 1975, (7:1), (page 4-7).

- KILBY, Clyde S.: *A Mind Awake: An Anthology of C. S. Lewis*, New York 1996.
- **LEWIS, C.S.: *Till We Have Faces – A Myth Retold*, Florida 1984 (ursprüngliches Erscheinungsjahr: 1956; deutscher Titel: Du selbst bist die Antwort).**
- LOGANBILL, Dean: „Myth, Reality and Till We Have Faces", in: TRIPP, Raymond P.: *Man`s Natural Powers: Essays for and about C.S. Lewis*, London 1975, (page 55-58).
- MCMILLAN, Lex O., III: „C. S. Lewis as Spiritual Autobiographer: A Study in the Sacramental Imagination", in: *Dissertation Abstracts International*, Ann Arbor/Michigan 1986 (43:3), (page 913A-914A).
- **MORDLUST, Madame: *Argumente für Gott und Mehr... Eine Einführung in die Gedankenwelt von C.S. Lewis*, Norderstedt 2015.**
- REDDY, Albert F., S., J.: „Till We Have Faces: ‚An Epistle to the Greeks'", in: *Mosaic: A Journal for the Interdisciplinary Study of Literature*, Winnipeg/Canada 1980 (13:3-4), (page 153-164).
- ROESSLE, Pfarrer Dr. (hg.): *Kleine Konkordanz*, Konstanz 1983.
- SAMMONS, Martha: „Christian Doctrines ‚transposed' in C. S. Lewis`s Till We Have Faces", in: *Mythlore: A Journal of J.R.R. Tolkien, C. S. Lewis, Charles Williams, and the Genres of Myth and Fantasy Studies*, Los Angeles/CA 1980 (7:1), (page 31-35).
- SAMMONS, Martha: „The God Within: Reason and its Riddle in C.S. Lewis` Till We Have Faces", in: *Christian Scholar`s Review*, Saint Paul/MN 1976, (6), (page 127-139).
- SCHAKEL, Peter J.: *Reason and Imagination in C. S. Lewis: A Study of Till We Have Faces*, Grand Rapids 1984.
- **TRINITARIAN BIBLE SOCIETY (ed.): *THE HOLY BIBLE*, London 1989, (King James Version).**
- WOOD, Doreen Anderson: „The Pattern in the Myth: Archetypal Elements in C. S. Lewis`s Till We Have Faces", in: *Dissertation Abstracts International*, Ann Arbor/MI 1976, (37:3), (page 1575-A).

Endnoten

[1] Vergleiche Como: 1.

[2] Vergleiche Brown: 2.

[3] Vergleiche Mordlust, Madame: *Argumente für Gott und Mehr...
Eine Einführung in die Gedankenwelt von C.S. Lewis*,
Norderstedt 2015, (Seite 10-14).

[4] Vergleiche Schakel: X.

[5] Vergleiche McMillan: 913A.

[6] Vergleiche Reddy: 153.

[7] Vergleiche Schakel: 11.

[8] Vergleiche Reddy: 163.

[9] Vergleiche Loganbill: 55.

[10] Vergleiche Loganbill: 56.

[11] Vergleiche Schakel: 21.

[12] Vergleiche Schakel: 73.

[13] Vergleiche Sammons: 31.

[14] Vergleiche Sammons: 35.

[15] Vergleiche Schakel: 15.

[16] Vergleiche Schakel: 38.

[17] Vergleiche Christopher: 195.

[18] Vergleiche Schakel: 38.

[19] Vergleiche Elgin: 99.

[20] Vergleiche Donaldson: 161.

[21] Vergleiche Sammons: 31.

[22] Vergleiche Donaldson: 170.

[23] Vergleiche Donaldson: 162.

[24] Vergleiche Donaldson: 164.

[25] Vergleiche Reddy: 158.

[26] Vergleiche Schakel: 27.

[27] Vergleiche Brown: 3.

[28] Vergleiche Schakel: 55.

[29] Vergleiche Christopher: 199.

[30] Vergleiche Sammons: 33.

[31] Vergleiche Schakel: 144.

[32] Vergleiche Sammons.

[33] Vergleiche Howard: 32.

[34] Vergleiche Brown: 1.

[35] Vergleiche Schakel: 86.

MM

Argumente für Gott und Mehr ...

Eine Einführung in die Gedankenwelt von

C.S. Lewis

C.S. Lewis
Dieses Buch ist eine kleine Reise in seine Gedankenwelt...

Es geht um Argumente für Gott, die Möglichkeit von
Wundern, Starke Liebe, Himmel und Hölle,
Gott und das Leid, und vieles Mehr...

Wer auf der Suche nach Weisheit ist,
findet hier wichtige Antworten !

www.madame-mordlust.de

Impressum:

© copyright *Madame Mordlust*, 2015 A.D.
„Die verschleierte Königin. Eine Einführung in den Roman
‚Till We Have Faces' von C.S. Lewis"

Umschlaggestaltung: *Madame Mordlust*
Herstellung und Verlag: BoD – Books on Demand, Norderstedt

ISBN 9783738649376

Bibliografische Information der Deutschen Nationalbibliothek: Die Deutsche Nationalbibliothek verzeichnet diese Publikation in der Deutschen Nationalbibliografie; detaillierte bibliografische Daten sind im Internet über www.dnb.de abrufbar.

www.madame-mordlust.de

Persönliche Notizen:

Persönliche Notizen: